Keiner wird gefragt

wann es ihm recht ist
Abschied zu nehmen
von Menschen
Gewohnheiten
sich selbst
irgendwann
plötzlich
heißt es
damit umgehen
ihn aushalten
annehmen
diesen Abschied
diesen Schmerz des Sterbens
dieses Zusammenbrechen
um neu aufzubrechen.

Margot Bickel

Die Raupe

Es war einmal eine Raupe, ein wohlgenährtes und eher behäbiges Tier, das den ganzen Tag damit beschäftigt war, herumzukriechen und nach Essbarem zu suchen. Sie war durchaus zufrieden mit ihrem Leben, denn sie lebte in einer fruchtbaren Gegend mit einem nahezu unendlichen Angebot an fressbaren Leckereien.
Nur dann und wann hielt sie für einen Augenblick inne zwischen Suchen und Fressen und hob ihren Blick von der Erde in den Himmel. Dort sah sie allerlei fliegen: Fliegen und Mücken, Bienen und Wespen, Schmetterlinge und Vögel.
Die Schmetterlinge gefielen ihr besonders, sie wusste gar nicht so recht, warum. Mit einem Lächeln auf den Lippen und voller Sehnsucht schaute sie ihnen hinterher. Doch dann kroch sie weiter und fraß weiter wie zuvor.

Unter den Raupen gab es eine, die als besonders klug und weise galt. Diese Raupe erzählte den anderen eines Tages eine seltsame Geschichte. Alle Raupen seien dazu bestimmt, Schmetterlinge zu werden. Ihr ganzes Leben, ihr ganzes Kriechen und Fressen sei letztlich auf eines ausgerichtet, nämlich sich in Schmetterlinge zu verwandeln.

„Was für ein Unsinn!", dachte da unsere Raupe. Ich bin behäbig und fett und krieche mein Leben lang auf der Erde herum, und dann soll ich auf einmal in den Himmel fliegen können, leicht,

Wohin sollten wir gehen, wenn nicht nach Hause zurück

Eine Wegbegleitung in Tagen der Trauer

Segen

Dein Leben ist einmalig und kostbar.
Es sei gesegnet im Angesicht Gottes.

Alles, was dir in den Sinn gekommen ist,
alles, was du gedacht und ersonnen hast,
geglaubt und erhofft, alle Liebe, die du verschenkt hast,
sei gesegnet durch den lebendigen Gott.

Alles, was du in die Hand genommen,
angepackt und geschaffen hast,
ob geglückt oder misslungen,
alle Schuld, die du auf dich geladen hast,
sei angenommen durch den barmherzigen Gott.

Alles, was dir gegeben wurde, das Leichte und Schwere,
Freud und Leid, alles, was zu Ende geht,
auch das, was dein Leben überdauern wird und bleibt,
sei getragen vom treuen Gott.

Gott sende dir seinen Engel entgegen.
Er nehme dich bei der Hand und führe dich durch
Dunkelheit und Nacht ins Licht.

Herzliche Anteilnahme

Ein geliebter Mensch ist nicht mehr da.
Es ist Zeit, Abschied zu nehmen.

Die vielen kleinen und großen Abschiede im
täglichen Leben geben uns eine Ahnung vom
letzten Abschied. Nur diesmal wird es für immer
sein – zumindest hier auf der Erde.

Viele konkrete Fragen kommen in den Sinn,
vielleicht berühren auch die großen Fragen des
Lebens: nach Sinn; nach dem, was mich trägt,
lieben und hoffen lässt. Oder auch: Gibt es ein
Danach, einen Gott?

Wir möchten Ihnen unsere Anteilnahme ausdrücken und wünschen für die vor Ihnen liegende
Zeit die nötige Kraft und darüber hinaus Trost.

Vielleicht finden Sie auch in diesem Büchlein die
eine oder andere Orientierung, einen Gedanken
oder ein Bild, welches Sie als hilfreich oder tröstlich
empfinden – es würde uns freuen!

Ihre Seelsorgerinnen und Seelsorger aus Bochum

Was ist Sterben?

Ein Schiff segelt hinaus
und ich beobachtete, wie es am Horizont verschwindet.
Jemand an meiner Seite sagt: „Es ist verschwunden."
Verschwunden wohin?

Verschwunden aus meinem Blickfeld – das ist alles.
Das Schiff ist nach wie vor so groß wie es war,
als ich es gesehen habe.

Dass es immer kleiner wird und es dann völlig aus
meinen Augen verschwindet, ist in mir.
Es hat mit dem Schiff nichts zu tun.

Und gerade in dem Moment, wenn jemand neben
mir sagt, es ist verschwunden, gibt es Andere,
die es kommen sehen, und andere Stimmen,
die freudig aufschreien: „Da kommt es!"

Das ist Sterben.

Charles Henry Brent

von graziler Gestalt und mit wunderschönen bunten Flügeln? Das ist doch ganz und gar undenkbar. Wie kann die weise Raupe uns nur so eine törichte Geschichte erzählen. Und sie kroch davon, denn sie spürte schon wieder den großen Appetit, den sie immer hatte.

Nur manchmal hielt sie immer noch inne, schaute für einen Augenblick sehnsuchtsvoll in den Himmel und folgte mit ihrem Blick dem anmutigen Flug der bunten Schmetterlinge und dachte an die Geschichte der weisen Raupe.

Verfasser unbekannt

Die Kraft der Trauer

Wenn wir einen geliebten Menschen verlieren, kann uns dieser Abschied an eine Grenze bringen – in der Trauer werden wir schmerzhaft eingeholt von dem, was dieser Verlust für uns und unser Leben bedeutet.

Vielleicht haben wir an manchen Tagen das Gefühl, alles sei bloß ein böser Traum und morgen sei alles wie früher. Aber nichts ist wie früher.

Zu oft bleiben Menschen mit ihrer Trauer allein, weil ein selbstverständlicher, offener Umgang damit in unserer Gesellschaft in Vergessenheit geraten ist und Trauernden oftmals mit Unsicherheit, Ungeduld und Verständnislosigkeit begegnet wird. Dabei trauert jeder Mensch auf seine ganz eigene Weise, und die Zeit, die er dafür braucht, ist unterschiedlich lang.

In der Trauer muss man nicht stark und vernünftig sein. Jeder darf sich die Zeit nehmen, die er oder sie braucht, und spüren, was ihm oder ihr guttut. Es kann helfen, sich liebevollen Menschen anzuvertrauen oder auch professionelle Hilfe in Anspruch zu nehmen.

Lebenskraft zeigt und entfaltet sich am ehesten, wenn wir unsere Verletzlichkeit und unsere oft so widersprüchlichen Gefühle zulassen und auch ausdrücken. So kann Leben nachfließen.

Tränen fließen lassen

Dein Tod
zerreißt mir das Herz
unerträglicher Schmerz
quälende Verlorenheit
tiefe Verunsicherung

Ich lasse meine Tränen fließen
sie nähren mein leises Vertrauen
dass du in deinem Sterben
zärtlich erwartet wirst

Trotzdem
bleibe ich hilflos zurück
habe Angst vor dem Leben
bin eingehüllt im Dunkel der Nacht

Ich lasse meine Tränen fließen
auch wenn ich es kaum spüre
sie führen zum Vertrauensfluss
der uns tief verbindet.

Pierre Stutz

In dieser dunklen Stunde

Der Tod eines geliebten Menschen
bricht dich fast auseinander.
Deine Gedanken zerbröckeln.
Kein Wort hält das andere.
Verlorene Richtung.
Unheimliches Schweigen.

In dieser dunklen Stunde wünsche ich dir,
dass du dem Chaos standhältst,
dich aushältst in deinem Klagen,
in deiner Verlorenheit, deiner Unruhe,
deinen Zweifeln und deinem verborgenen Zorn.

Ich wünsche dir

eine Spur aus Licht
in dieser dunklen Nacht,
Menschen, die dich
liebevoll begleiten,
tröstende Worte,
die dein Herz berühren,
und eine Hand,
die dich hält.
Ich wünsche dir,
dass du geborgen
und behütet bist.

Christa Spilling-Nöker

Winter-Bäume

Kahl und frostig
ragen sie in die Gegend.
Wie leblos
die entlaubten Äste.
Doch dick ummantelt
im Verborgenen
schläft
empfindsames,
kostbares Leben.

Auch in uns,
den Entlaubten,
in unsren rauen Knospen,
schläft
und träumt
empfindsames,
kostbares Leben.

Tragen wir es hindurch
durch den Frost.

Lisa Lepping

Ich bin dankbar

Ich bin dankbar für die Spuren,
die dieser Mensch in meinem Leben hinterlassen hat.
Er hat auch Spuren hinterlassen bei Menschen, die mir nahe sind.

Oft lösen diese Spuren in mir Trauer aus.
Die Verzweiflung lässt mich kaum atmen,
und ich glaube, den Schmerz nicht aushalten zu können.
Dann bin ich dir, Gott, so fern
und ich frage mich: Gibt es dich wirklich?
Ich würde dich gerne zur Rede stellen.

Manchmal wird mir aber auch bewusst,
dass ich Angst davor habe, dass diese Spuren verschwinden,
verblassen wie so manche Erinnerung.
Ich bin dankbar für das Geschenk,
mit diesem Menschen Zeit verbracht haben zu können.

Er hat Spuren hinterlassen
in den Seelen seiner Mitmenschen,
und so ist er immer da –
nicht nur in mir.
DANKE.

Nach Nicole Hochgürtel

Neue Horizonte

Herr,
schenke mir Stille,
wenn ich nichts mehr hören
und sehen will,
und Freunde,
die mir zuhören,
wenn ich reden,
nur noch reden will.

Herr,
schenke mir Horizonte,
wenn die Trauer
mir den Blick verstellt,
und einen weichen
tröstenden Boden, wenn ich mich vor lauter Schmerz
nicht mehr auf den Beinen halten kann.

Der Segen der Trauernden

Gesegnet seien alle,
die mir jetzt nicht ausweichen.
Dankbar bin ich für jeden,
der mir einmal zulächelt
und mir seine Hand reicht,
wenn ich mich verlassen fühle.

Gesegnet seien die,
die mich immer noch besuchen,
obwohl sie Angst haben,
etwas Falsches zu sagen.

Gesegnet seien alle,
die mir erlauben,
von dem Verstorbenen zu sprechen.
Ich möchte meine Erinnerungen
nicht totschweigen.

Ich suche Menschen,
denen ich mitteilen kann,
was mich bewegt.

Gesegnet seien alle,
die mir zuhören –
auch wenn das,
was ich zu sagen habe,
sehr schwer zu ertragen ist.

Gesegnet seien alle,
die mich nicht ändern wollen,
sondern geduldig annehmen,
wie ich jetzt bin.

Gesegnet seien alle,
die mich trösten
und mir zusichern,
dass Gott mich nicht verlassen hat.

Oh Herr, birg du uns alle
in deiner Hand;
nimm du dich unserer an.
Bei dir bleiben wir –
ganz gleich, ob wir noch leben
oder gestorben sind.

Marie-Luise Wölfing

Der weite Weg des Abschiednehmens

Bei den Toten kannst du auf Dauer nicht wohnen,
solange du lebst.
Denn da, wo du Vergangenes festhalten willst,
stirbt allmählich ein Stück von dir selbst.
Bewahre dir deine Erinnerungen an das gelebte Glück
und wage dich auf den weiten Weg des Abschiednehmens,
Heimat findest du nicht im verlorenen Gestern,
sondern da, wo du heute liebst.

Christa Spilling-Nöker

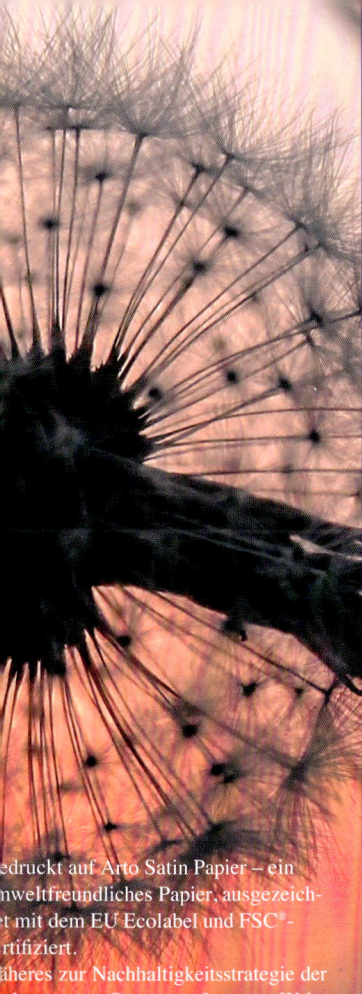

Über die Herausgeber:

Zum Alltag der Bochumer Krankenhaus-Seelsorger*innen gehört es, Menschen auf dem Sterbebett zu verabschieden und sie zu segnen. Oft geschieht dies im Beisein von trauernden Angehörigen. Für diese und um ihnen nach der Verabschiedung ein kleines Zeichen der Anteilnahme und gegebenenfalls tröstliche Gedanken mit auf den Weg geben zu können, wurde dieses kleine Heft in gemeinsamer Teamarbeit entwickelt.

Redaktion:

Bertold Bittger und Lisa Lepping (verantw.), Gabi Hahner, Bernhard Zielonka, Katholisches Klinikum Bochum. Sophie Bunse, Augusta-Kranken-Anstalt, Bochum. Harald Kallweit, Berufsgenossenschaftliches Universitätsklinikum Bergmannsheil, Bochum.

Quellennachweis:

U2: Sterbesegen, aus: Der Sterbesegen. Liturgische Handreichung für Haupt- und Ehrenamtliche in Krankenhäusern und Hospizen, in Senioren- und Pflegeheimen, in der Notfallseelsorge und in Gemeinden und Pfarreien. Herausgegeben von der Diözese Rottenburg-Stuttgart © Schwabenverlag. Verlagsgruppe Patmos in der Schwabenverlag AG, Ostfildern, 2. Auflage 2019. www.verlagsgruppe-patmos.de.
Margot Bickel, Keiner wird gefragt, aus: dies., Geh deinen Weg und finde dein Ziel, © 2017 Verlag am Eschbach in der Verlagsgruppe Patmos der Schwabenverlag AG, Ostfildern.
Frank Greubel, Neue Horizonte, © beim Autor.
Charlotte Knöpfli-Widmer, In dieser dunklen Stunde, © bei der Autorin.
Lisa Lepping, Winter-Bäume, © bei der Autorin.
Christa Spilling-Nöker, Ich wünsche dir eine Spur aus Licht, aus: dies.; Ich wünsche dir Trost in deiner Nacht. © 2017 Verlag am Eschbach in der Verlagsgruppe Patmos der Schwabenverlag AG, Ostfildern. Dies., Der weite Weg des Abschiednehmens, aus: dies.; Einen neuen Anfang wagen. © 1998 Verlag am Eschbach in der Verlagsgruppe Patmos der Schwabenverlag AG, Ostfildern.
Pierre Stutz, Tränen fließen lassen, aus: ders., Leise getragen in deiner Trauer. Ein Camino-Buch aus der ©Verlag Katholisches Bibelwerk GmbH, Stuttgart 2017.
Marie-Luise Wölfing, Der Segen der Trauernden, © bei der Autorin, Silent Unity in Deutschland e.V.

Bildnachweis:

Sattaya / iStock (Umschlag), AVTG / iStock (U2/S. 1), 1971yes / iStock (S. 2/3), Mathisa_s / iStock (S. 4/5), Savushkin / iStock (S. 6/7), DEEPOL by plainpicture (S. 8/9), pashabo / AdobeStock (S. 10/11), Bertold Bittger (S. 12/13), valio84sl / iStock (S. 14/15), UlrikeAdam / Fotolia (S. 16/U3).

2. Auflage 2024
Alle Rechte vorbehalten
© 2021 Verlag am Eschbach
Verlagsgruppe Patmos in der Schwabenverlag AG, Ostfildern
Im Alten Rathaus/Hauptstraße 37
D-79427 Eschbach/Markgräflerland

www.verlag-am-eschbach.de

Gesamtgestaltung: Angelika Kraut, Verlag am Eschbach
Bild- und Textredaktion: Ulrich Sander, Verlag am Eschbach
Kalligrafie: Ulli Wunsch, Wehr
Herstellung: Holzer Druck und Medien, Weiler-Simmerberg im Allgäu
Hergestellt in Deutschland
ISBN 978-3-86917-894-3

...edruckt auf Arto Satin Papier – ein ...nweltfreundliches Papier, ausgezeich... ...t mit dem EU Ecolabel und FSC®-...rtifiziert.

...äheres zur Nachhaltigkeitsstrategie der ...rlagsgruppe Patmos auf unserer Web...te www.verlagsgruppe-patmos.de/...chhaltig-gut-leben

Manufakt

Dieser Baum steht für Erhaltung unserer natürlichen Lebensgrundlagen, umweltschonende Ressourcenverwendung und nachhaltige Herstellung.
Individuell und mit Liebe gemacht.

Wenn ein geliebter Mensch stirbt, kann dieser
Abschied an eine Grenze bringen. Die einfühlsamen
Texte für die Zeit der Trauer drücken herzliche
Anteilnahme aus und schenken Kraft und Trost.

Keiner wird gefragt
wann es ihm recht ist
Abschied zu nehmen
von Menschen
Gewohnheiten
sich selbst
irgendwann
plötzlich
heißt es
damit umgehen
ihn aushalten
annehmen
diesen Abschied
diesen Schmerz des Sterbens
dieses Zusammenbrechen
um neu aufzubrechen.

Margot Bickel

ESCHBACH
www.verlag-am-eschbach.de
ISBN 978-3-86917-894-3